Loi numéro 49 956 du 16 juillet 1949 sur les publications destinées
à la jeunesse : septembre 1991
Dépôt légal : septembre 1991
Imprimé en France par Tardy-Quercy à Bourges
Numéro d'imprimeur : 16 728

Michel Gay

NOËL DE SAPIN

lutin poche de l'école des loisirs
11, rue de Sèvres, Paris 6e

Il y a un trou à la place de Petit-Sapin.
Est-il parti sous terre ? Est-il monté au ciel ?

Non ! Pour l'instant, Petit-Sapin est enfermé dans le noir. Il ne voit plus les étoiles.

On le délivre pour le décorer avec des guirlandes, des boules et aussi une petite étoile dorée.

Maintenant qu'il est beau, Petit-Sapin attend Noël.

Les chaussures sont impatientes. Il fait trop chaud pour un sapin.

Ouf! C'est Noël. Petit-Sapin étouffe.

Après la fête, on range les décorations pour l'année prochaine.

Petit-Sapin est triste, il garde l'étoile dans ses branches.

Tout ce qui ne sert à rien va à la poubelle.

« C'est quoi, cette chose brillante ? » demande Camion-Poubelle. Il n'a jamais vu d'étoiles.

« Si tu me ramènes chez moi », dit Petit-Sapin,
« tu verras des milliers d'étoiles en vrai ! »

Ils sortent de la ville. Loin devant, Camion-Poubelle voit les premières étoiles.

« Ce n'est rien », dit Petit-Sapin, « tu vas voir quand on sera chez moi, là-haut, elles sont beaucoup plus brillantes. »

« Ça y est, on est chez moi.
Tu vois, ici les étoiles brillent plus fort.

Merci, Camion-Poubelle,
prends mon étoile en souvenir. »

Petit-Sapin a retrouvé sa famille sous les vraies étoiles.

Camion-Poubelle retourne voir ses copains pour leur montrer sa belle étoile dorée.